GOTITAS

DE

COSMOS

Poesía

Luisa Gomezcoello

2018

Ante todo, gracias por escribirlos y permitirnos presentarlos ahora.

Con amor, ...

Tus hijos y nietas.

La tarde

La tarde agoniza de frío
y en tardes como éstas
siento la nostalgia de tu partida.
Vuelve pronto, no tardes por favor.

Toma mis manos, percibe su calor
toda mi piel está llena de ti.
Cada hora y cada instante
reclaman tu nombre, y yo
trémula de esperanza no sé más que esperar.

Entonces, cada palabra de mis versos
viajan a tu galaxia y a tu tiempo
y me traen de respuesta el rocío de tus risas
y la sensación de que estas aquí.

Gotitas de lluvia

Gotitas de lluvia
frágiles y diminutas
que danzan en mi ventana.

Si van por su casa
quédense en el rocío
de sus mañanas, y quizá
puedan acariciar sus lágrimas.

Gotitas de diamantes cristalinos
no se vayan de mis rosales,
son tantos los ruiseñores
sedientos de su miel.

Gotitas de flores amarillas
de la casa de mis amores
que perfuman el caminar
de las mariposas,
no se vayan de mi estancia
porque muero de sed.

Mi vida es una poesía

Mi vida es una poesía,
todo es hermoso a su rededor.

Siento el perfume de las flores
topando mi alma, habitando mi jardín.

A veces la dicha es plena,
al mirarme en los verdes ojos
y en las negras pupilas
de la dulzura de mi madre
y la grata presencia de mis ángeles,
LOS HIJOS.

En cada despertar bendigo ese instante,
soy parte del cantar de los pájaros,
del rocío de la mañana,
y del olor a café de la estufa.

A veces me pregunto
qué tanto hice, para ser gota del universo,
arena de los mares
y médica de hospitales?

Entonces, soy invencible.
Todo es posible.

Puedo volar con las gaviotas,
esconderme en una partícula mínima,
y luego entonar una canción.

A los tiempos...

A los tiempos
vuelvo a pensar en ti.
No sé por qué, pero me perdí
en el tiempo.

Olvidé sin querer tus ojos
tan hermosos, de triste mirar.

Más sin embargo,
fueron toda mi vida
y toda mi locura.

Más hoy naufrago en tus pupilas
en este mismo instante,
y siento el ensueño de tus lágrimas
mientras me cobijan tus brazos.

Sabes, prometo no escapar del tiempo
para volver a ser parte de tu aliento,
de tu risa y de tus pesares,
y tal vez de tu ausencia
cuando nuestra complicidad
así lo decida.

Mi corazón

Mi corazón se quedó
en la esquina de verdes prados.

Allí, donde jugueteaba
con pájaros y madreselvas.

Allí, supe de dulces besos
entre risas de niña
y el candor de la adolescencia.

Allí, duermen la felicidad de mis años,
el dorado pan de trigo
y el colegio de mis ansias.

Allí, en la casa de mi infancia
todavía queda mi huella,
mis brazos acariciando mi cuna.

Y mi cuerpo bailando
en las kermesses del domingo.

Allí, quedaron mis amigos,
mis compañeras de horas risueñas
cómplices ciertas
de mis cuitas y de mis amores.

* Con todo amor a mis amigas y panas de mi
colegio Luis Cordero.

Nocturno

Nocturno, de lánguidas estrellas.

Aquieta mi corazón
para no sentir este vacío
que lacera mi alma.

Nocturno, de luna llena.

Llévame en tu luz
hacia otros puertos
donde pueda descansar.

Nocturno, de cielo celeste.

No me dejes tiritar de frío,
regálame un rayo de sol
para cobijar mis penas.

Nocturno, de bosques y gaviotas.

Dime cuándo puedo dormir
en tus violetas,
perderme en tus sauces
y ya no despertar.

Gota diáfana

Hermosa gota diáfana
de sinfonías infinitas.

Te amo como el rocío
de cada mañana.

Eres gota etérea
de estrellas diáfanas.

Eres la luz infinita
de amores eternos
y danzas sin fin.

Simplemente te amo
así como gota fugaz,
de mis instantes,
de mis palabras,
y de mis versos.

A Pelusa

Ahora reposas en mi jardín,
dormitando entre las flores,
y un concierto de pájaros
te entonan el Ave María.

Es cierto que te fuiste,
te llamaron al lugar de siempre,
a danzar con los querubines,
a fundirte en las estrellas
y a entonar canciones
en la infinidad del cosmos.

Pero desde mi casa
no te has ido,
siempre estás aquí
y nada ha pasado.

Duerme por siempre.

Todo es igual.

* A mi perrita Pelusa

Silencio

Silencio que cala mis entrañas
y ya no estás tú.

Porqué te fuiste a otros mares?
Si yo no sé vivir sin ti.

Silencio de esta tarde,
que te siento tan lejos y tan frágil
que no puedo seguir tus pasos
ni soñar en tu regazo.

Silencio de mis horas,
con quién compartiré mis pesares?
si tu te llevaste
mis palabras y mis risas
y toda el alma mía.

Tesoro mío

Caminar en la senda de tus brazos
tesoro mío
es lo que más ansío.

No desmayaré hasta encontrarte,
no sé en dónde.

Quizá perdido entre mil veleros
o acurrucado entre madreselvas

Solo sé,
que treparé el horizonte,
dormitaré en las montañas y
soñaré en tu regazo.

Entonces,
si eres gota divina,
perfume de sándalo,
rayo de luz,
espera un poquito.

Hay tanto néctar en este mundo
para disfrutarlo todavía.

No te vayas.

Quédate un ratito más.

Frente a usted

Sentada frente a usted
amada señora,
tengo sus ojos verdes
perdidos en la lejanía.

No sé cuándo decidió
escapar de mirada,
olvidar mi presencia,
y viajar por otros soles,
por otras lunas.

Más yo perdida
en cada arruga de su piel,
soy capaz de bordar una diadema de perlas
con cada uno de sus cabellos
para cubrir la nieve de sus años.

Soy parte de cada una de sus penas,
de cada surco de su piel.

Yo traeré un pañuelo de amapolas
para secar sus lágrimas.

Perdone amada señora
por haber nacido de sus entrañas,
por haber dormido en su aliento,
por ser parte de sus desvelos
y por quererla tanto.

Hasta pronto querida mamá.

La noche

Cada noche
me recreo en la magia de su silencio
donde cada estrella
es una danzarina de luces multicolores,
más yo en su belleza
soy apenas un diminuto punto de frágil candor.

Entonces me pierdo en su encanto
soy parte del cosmos,
del sol y la luna.

Miles de átomos me cobijan
en su luz.

Volver es imposible
sólo puedo hacerlo en mi despertar.

Cariño

Cariño, cierra tus ojos
mientras entono la canción
que tu amas.

No llores más,
yo enjugaré tus lágrimas
y te arrullaré en mis brazos.

Tú sabes que eres parte
de la luna y las estrellas.

Cada día te cobija
un nuevo arco Iris
de plata y de jazmín.

Cariño, he juntado
un manojo de quimeras y
las he bordado con hilos de nácar
mientras cuido de ti.

Sabes, siempre eres hermosa,
no importa la fragilidad de tu caminar.

Dios creó el universo
para ti.

Y tú eres su princesa.

En el café de siempre

La tarde está plácida
y camina hacia el ocaso.

Las flores titilan de frío
mientras un ruiseñor
se deleita de su perfume.

Te espero y sé que es en vano.
Hace mucho que no te encuentro.

Te fuiste cualquier día
para no volver.

Y sin embargo te espero
en el café de siempre,
en la esquina de aquella calle,
y a veces te miro llegar.

Siento tu aliento y me embriago
tan solo con tus recuerdos.

Perlas sin fin

Tomo de este silencio
el éxtasis más infinito
que yo pueda tener.

Y así en este trance
millones de soles me abrazan.

Yo siento su tibieza,
miles de estrellas
me embriagan con su luz.

Volver no quiero,
me pierdo en su sutileza.

Soy parte de las flores,
de los cisnes y las garzas.

Las horas no tienen tiempo
y el tiempo es un torbellino
de mares cristalinos
y perlas sin fin.

* Con amor a mis hijos.

Hermosa chiquitina

Hermosa chiquitina
de cabellos dorados,
me fascina tu risa coqueta
y el almíbar de tus dulces ojos.

Hermosa chiquitina
de grácil figura,
eres tan hermosa
que las rosas y orquídeas
se visten de gala a tu pasar.

Tierna princesa
de galaxias celestes,
qué hacer para no perderme
en la cándida ternura
de tu mirar.

Claro de luna

Claro de luna en la noche estrellada.

Mi alma siente tu magia
y una ráfaga de recuerdos
vienen a mí.

Claro de luna en las noches de dulces amores.

Un millón de perlas
duermen en la playa
mientras percibo el murmullo
de las olas cubriéndome de mar.

Claro de luna en la serenidad del cosmos.

Siento tu piel lejana,
tu risa en los mares
y tu, siempre tu.

Pegada a mi tiempo,
clavada en mis palabras,
metida en mis entrañas.

* Dedicado a Natalia con amor.

A mis hijos

Tus ojos son hermosos.
Tienen el café azabache de los lirios
y el verde de los mares.

Tus ojos tienen el no sé que
de la ternura infinita
y de los hechizos en flor.

Cuando yo viajo en ellos
me pierdo en tus retinas,
soy parte de tu sangre
de tus venas
y de ti mismo.

Entonces,
tus ojos me fascinan y enloquecen
porque saben mirar como los ángeles
y hablar de un amor casi celestial.

Por eso tus ojos
son mi parte,
son mi paz y mi alegría.
Mi razón de soñar
y de escribir.

* Dedicado a mis hijos.

Entre rosas y quimeras

Quiero morir al caer la tarde,
al abrigo de miles de estrellas
de un cielo azul.

Quiero morir en la arena,
mientras sueño con corales
en la profundidad del mar.

Quiero morir mojada en la lluvia,
sintiendo sus diminutas gotas
acariciar mi piel.

Quiero morir pegada a la hierba,
de arroyos cristalinos
mientras siento el arrullo
de sus aguas cristalinas.

Siempre, siempre quiero morir
en tus brazos y no despertar jamás.

Porque al morir, recogeré mariposas,
viajaré en los colores del arco iris
y jugaré entre rosas y quimeras
en la eternidad del ocaso.

Cuando vuelvas

Que puedo hacer, si tú te has ido.

Las noches de luna,
ya no saben de embrujo
y yo sigo tiritando de frío
sintiendo el vacío de tu ausencia.

Vuelve pronto, no tardes.
Que muero de tedio y dolor.

Cuando vuelvas,
te recibirán mis brazos.
Te cantarán los ruiseñores.
No morirán las amapolas.

Y yo simplemente,
también no moriré.

Todo es mar

Princesas de agua marina
que danzan coquetas
en las olas del mar.

Es tan grande su embrujo
que duermo acurrucada
en su vaivén.

Princesas de estrellas de mar
dormidas en la arena,
cuantos misterios de mar
me pueden contar.

Noches de luna
en la oscuridad del mar,
cuantos delfines se arrullan
bajo tu encanto.

Gaviotas de cielo de mar,
cuantos puertos de luz
han llegado a cruzar.

Todo es infinito.
Todo es nada.
Todo es mar.

Tus ojos en mi piel

Tengo tus ojos en mi piel.
Nada ha pasado desde aquella tarde,
tu perfume en la almohada,
tu retrato cálido y tierno,
acariciando mi soledad.

Simplemente, no hubo despedida.
Te estoy esperando. Así locamente.

Te arrullaré en mis brazos,
te regalaré mil jazmines.

Cuando vuelvas,
yo aún te espero.

Cuando ya no pueda Recordar

Qué puedo hacer
Para siempre recordar
el calor de nuestros encuentros
en largas y hermosas tardes.

Cada instante de esos momentos
fueron eternos, todo fue magia
y dulzura sin igual.

Entonces, ¿cómo hacer para no olvidar?

Cuando ya no pueda recordar
al calor de la agonía de mil neuronas
que irán muriendo sin cesar.
Mi alma estará pendiente de no dejarte jamás.

Creo, volveremos a encontrarnos
al morir de la tarde, en alguna esquina
de una galaxia celeste
arrullados por la misma canción de luna.

Una Lejana Estrella

La vida es un paisaje de flores perfumadas.
Por ahora yo voy caminando por verdes prados,
pero no sé hasta cuándo mis pasos
seguirán dejando mi huella.

Tan sólo ayer, dormía confiada
al calor del regazo de mi madre,
mas ahora se ha ido
y su vacío es tan inmenso
como la distancia de una lejana estrella,
como un largo viaje hacia ignotos horizontes.

Su ausencia es cada vez más profunda
que cala en mis entrañas
como un frío helado que nada lo puede abrigar.

Por eso en cada camino
todas las flores y ruiseñores son míos,
que cada rocío de las mañanas
baña mis pies desnudos.

Siento el frenesí de hacerlos míos,
sólo en estos momentos me pertenecen.
Más tarde no lo sé, quizás, tal vez.

Te He Perdido

Te he perdido, y siento tu vacío
el viento corre de prisa
y en cada huella estas tú.
Me niego a creer que ya no estarás,
y no puedo aceptar vivir sin ti.

Te fuiste, así de repente
la parca de la muerte en raudo vuelo
quiso adornar tu nueva morada
con flores de jazmín en aquella estrella
de luz diáfana que me ilumina
desde el cielo.

Madre, yo respiro tu aliento
tu sino no se ha ido
me acompaña en cada paso,
en cada pensamiento, y te siento
dentro de mí.

Así tus risas y tus lágrimas,
tu fuerza y tu alegría son mi todo,
mi musa y el poema que no escribí.

*Con todo amor a mi madre del cielo.

A mi Madre en su Partida

Te fuiste así de repente
como la brisa de lluvia
a otro cielo, a otra luna.

Yo quise subir a tu estrella
para compartir contigo
el mismo viento, el mismo viaje
pero me dejaste en tu casa
para sentir tu risa, compartir tus huellas
sembrar las mismas flores
en tu mismo jardín.

Ahora que te fuiste madre mía
en tu viaje eterno de auroras cristalinas
no sé si yo pueda quedarme sin tu velero.

Pues me diste la vida,
los atajos y los caminos.
Más yo sin ti ahora estoy perdida
me falta tu fuerza y tu sonrisa
para continuar el viaje sin zozobra.

En este momento, aún es de madrugada
y pienso tanto en ti,
que te tengo en mis sueños,
todos mis pasos reclaman tu huella.
Y siento que lo único
que no me enseñaste es a vivir sin ti.

*Entonces madre mía
regálame una estrella
y un susurro de lluvia
para compartir contigo
el rocío de cada mañana,
el morir de las tardes
y las noches de luna,
para no extrañarte tanto
hasta volver a verte en otro sol.*

*Dedicado a mi madre que viajó al
cielo.

Mi preciosa Coqui

Son tantos los días que te fuiste.
Más mi corazón no sabe de ausencias
y te extraña tanto, que no sabe vivir sin ti.

Mi preciosa Coqui de ojos verde mar
te tengo que confesar
que tú me diste tanto
en cada abrazo tuyo, en cada mirada,
y fuiste parte de mi casa y mi jardín.

Mi preciosa Coqui
fuistes mi orgullo en esta vida
y llenaste de paz y alegría todo mi hogar.

*Chao Coqui. Siempre te voy a amar.

Querida Coqui

Te fuistes cerca de Dios
un sábado cualquiera.
Tus verdes ojos cansados de esperar
se cerraron para siempre.

Sabes, yo te extraño mucho
no soy capaz de olvidarte,
ni un solo instante.
Debía detener el reloj del tiempo
para llegar a despedirte,
acariciar tu pelaje y cerrar tus ojos.

Nos quisimos tanto, tanto que llenaste
mis años de tierna alegría en tu ronronear.
Ahora que te has ido
la ventana de tu siesta está vacía
y hermosos pájaros te vienen a buscar.

No me olvides nunca desde el cielo,
que tu mami te recuerda siempre,
te sigue amando y todos los días
te cubre de madreselvas en tu jardín.

*Fuistes una buena gata. Te amo.

Incierto Camino

Hace tanto, que el camino es incierto.
No sé a dónde voy.
Cada noche es un viaje para encontrarte
en alguna parte, en alguna estrella
en alguna flor.

Recuerdo que tú primero te fuiste
hace tanto, que perdí los años
de tanto esperar.
Y luego fue más simple
que todos partieran.
Hoy la nieve de mis años
ya no te reclama, sólo inmensamente te
extraña.

Nunca pude detener tus partidas,
con cada una de ellas se detenían mis lágrimas
en lo más profundo de mi alma.
Y siempre mi sonrisa a flor de labios
te esperaba una vez más.

Así te esperaré por toda la vida
mientras mis ojos puedan ver,
mis manos tocar las tuyas, y mis pasos puedan
llegar a ti.

Chispitas de Nieve

Chispitas de nieve cubriendo los vitrales
llévales a mi gente el calor de tus paisajes.
Chispitas de nieve besando la hierba
llévales a los niños el amor de tus fantasías.

Chispitas de mil colores brotando del lago
cuánta magia reparten a su rededor.
Chispitas de miles de sonrisas tocando mi alma
no se vayan nunca porque hoy es Navidad.

Chispitas bullangueras de miradas angelicales
de dónde vienen si no es de Dios.
Chispitas de este país de ensueños
cuánta paz y sosiego dan por doquier.

*Gracias, gracias a la vida que me supo dar tanto. Más,
yo no sé qué hacer.

Te invito

Te invito a deshojar jazmines
tomados de las manos
casi en silencio.

Así puedo cautivar el color de tus pupilas
y percibir el éxtasis lejano de la tarde.

Te invito también a soñar en mil lunas
mientras recojo tu silencio
en lo más profundo
de mi alma.

Así los dos en un instante
en un embeleso somos
luz y magia, agua y viento
por sólo tomarnos las manos.

Amada Fran

Apenas un mendrugo de tus risas
tocando mi piel
sonriendo tus encantos.

Así mis recuerdos se quedaron
en tus retinas para yo ser de ti.

En tan leve estancia
junto a tu frágil figura
te siento aquí
amada Fran.

Francela Barba, editora del poemario "Gotitas de Cosmos", nació en Kiev y transcurrió su infancia en Sidney - Australia donde obtuvo sus títulos en Estudios Internacionales y Biotecnología.

Profesora de Inglés en la ciudad de Quito - Ecuador, comparte su pasión por la Comunicación Intercultural y el aprendizaje de idiomas.

Actualmente reside en Canberra, donde obtiene su maestría en Traducción.

Le encanta bailar salsa y gozar de la música latina.

Es un placer para ella trabajar con la autora de la presente Obra Literaria, en la edición y publicación de sus trabajos.

ISBN: 978-9942-40-798-6

Obras literarias de la Autora

Disponibles a la venta en su página: **https://www.amazon.com/author/luimar**

Espacios literarios prara compartir con ella 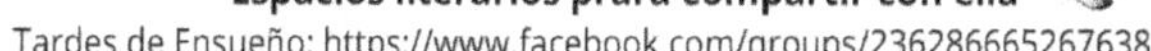

✓ Tardes de Ensueño: https://www.facebook.com/groups/236286665267638
✓ El Sueño de Los Ruiseñores: https://www.facebook.com/luisagomezcoello/

Partículas de Luz en el Infinito
por María Luisa Gomezcoello.

Ed.: David Cobo Caicedo.

Libro de bolsillo + E-book.

ISBN: 978-9942-40-801-3

Gotitas de Cosmos
por María Luisa Gomezcoello.

Ed.: Francela Barba.

Libro de bolsillo + E-book.

ISBN: 978-9942-40-798-6

El Sueño de los Ruiseñores
por María Luisa Gomezcoello.

Ed.: Francela Barba,

Ed.: David Cobo Caicedo.

Libro de bolsillo + E-book.

ISBN: 978-9942-36-428-9

www.ingramcontent.com/pod-product-compliance
Lightning Source LLC
Chambersburg PA
CBHW050601160726
48003CB00002B/986